Inhalt

Investmentsteuergesetz - Geplante Reform zur Erfüllung von EU-Vorgaben

Kernthesen

Beitrag

Fallbeispiele

Weiterführende Literatur

Impressum

Investmentsteuergesetz - Geplante Reform zur Erfüllung von EU-Vorgaben

Annett Kaindl

Kernthesen

- Die Bundesregierung hat im Januar 2013 Anpassungen am Investmentsteuergesetz vorgenommen.
- Das zukünftige Investmentsteuerrecht ist zweigeteilt: Es unterscheidet zwischen Investmentfonds und Investitionsgesellschaften.
- Die einzelnen Fondstypen unterliegen einer unterschiedlichen Besteuerung.
- Als zusätzliches deutsches Investmentvehikel wird die offene

Investment-Kommanditgesellschaft eingeführt.

Beitrag

EU-Vorgaben machen Anpassungen am Steuerinvestmentgesetz notwendig

Die Richtlinie 2011/61/EU des Europäischen Parlaments und Rates vom 8.6.2011 über die Verwalter alternativer Investmentfonds ("AIFMD") regelt erstmals die Anforderungen für die Zulassung von und die Aufsicht über Manager alternativer Investmentfonds zur Gewährleistung von Anleger- und Marktschutz durch ein abgestimmtes Vorgehen innerhalb der EU. Bis zum 22.7.2013 ist der deutsche Gesetzgeber gehalten, die Richtlinie in nationales Recht umzusetzen. Hierzu hat die Bundesregierung im Dezember 2012 den Entwurf eines Gesetzes zur Umsetzung der Richtlinie beschlossen (AIFM-Umsetzungsgesetz-E).

Durch diesen Entwurf wird das Investmentgesetz (InvG) aufgehoben. Die aufsichtsrechtliche

Regulierung sämtlicher richtlinienkonformer OGAW-Fonds und alternativer Investmentfonds (AIF) wird in einem neuen Kapitalanlage-Gesetzbuch zusammengefasst. OGAW ist die Abkürzung für Organismus für gemeinsame Anlagen in Wertpapieren. Als OGAW-Fonds werden Investmentfonds bezeichnet, welche die Richtlinien der Europäischen Union zur Anlage in Wertpapieren einhalten. Dabei werden vor allem Vorgaben dahingehend gemacht, wie sich ein OGAW-Fonds zusammensetzen darf. [(1)](), [(4)]()

Aus der Aufhebung des InvG und der Ausweitung des Anwendungsbereiches des Kapitalanlage-Gesetzbuches auf bisher nicht regulierte AIF folgt zwangsläufig die Notwendigkeit einer Novellierung der Besteuerung von Investmentvermögen. Hierzu hat die Bundesregierung am 30.1.2013 den Entwurf eines Gesetzes zur Anpassung des Investmentsteuergesetzes (InvStG) an das AIFM-Umsetzungsgesetz-E beschlossen (AIFM-StAnpG-E). [(1)]()

Zukünftige Zweiteilung des Investmentsteuerrechts

Das InvStG wird künftig die Besteuerung sowohl der OGAW-Fonds, als auch der AIF umfassend regeln und sich damit auf sämtliche Fonds im Sinne des Kapitalanlage-Gesetzbuches erstrecken. Somit unterliegen dem InvStG auch Fonds, die in alternative Anlagen wie zum Beispiel erneuerbare Energien, Infrastruktur oder Private Equity investieren. Es erfolgt keine einheitliche steuerliche Behandlung der unterschiedlichen Fondstypen. (1)

Das Investmentsteuerrecht ist zukünftig zweigeteilt: (1), (2), (3), (4)

- Investmentfonds

Investmentfonds unterliegen auch künftig der privilegierten Besteuerung nach dem Grundsatz der eingeschränkten Transparenz (vergleichbar den derzeitigen Regelungen des Investmentsteuergesetzes). Vorteile der transparenten Besteuerung des aktuellen InvStG sind beispielsweise die Steuerfreiheit von thesaurierten Veräußerungs- und Termingeschäftsgewinnen, die Gewerbesteuerbefreiung und die Freistellung bziehungsweise Erstattung der Kapitalertragsteuer auf Fondsebene.

- Investitionsgesellschaften

Investitionsgesellschaften werden einem anderen Besteuerungsregime unterworfen, dessen Ausgestaltung davon abhängt, ob eine Kapital-Investitionsgesellschaft oder eine Personen-Investitionsgesellschaft vorliegt.

Geplante Besteuerung von Investmentfonds

OGAW-Fonds qualifizieren stets als Investmentfonds, AIF hingegen nur dann, wenn sie kumulativ die Voraussetzungen des § 1 Abs. 1a InvStG-E erfüllen.

Eine Besteuerung gemäß dem eingeschränkten Transparenzprinzip findet künftig nur noch Anwendung, wenn der in- oder ausländische AIF bestimmte zusätzliche Voraussetzungen erfüllt und somit als "Investmentfonds" qualifiziert werden kann:

Künftig soll für die Einordnung als Investmentfonds erforderlich sein, dass der AIF in seinem Sitzstaat einer Investmentaufsicht unterstellt ist und den Anlegern mindestens einmal pro Jahr das Recht zur Rückgabe der Anteile gewährt.

Das Vermögen des AIF muss nach dem Grundsatz der Risikomischung in abschließend aufgeführte taugliche Vermögensgegenstände angelegt werden. Höchstens 20 Prozent des Wertes des AIF dürfen in nicht börsennotierte Kapitalgesellschaften investiert werden. Zudem dürfen nur maximal fünf Prozent des Wertes des AIF in eine Kapitalgesellschaft investiert werden, und die Beteiligungshöhe darf zehn Prozent des Kapitals der Kapitalgesellschaft nicht erreichen. Künftig wird eine Beimischung von typischen

Infrastruktur- oder Private-Equity-Beteiligungen ausgeschlossen. (1), (4)

Besteuerung von Personen-Investitionsgesellschaften

Gemäß InvStG-E sind die Einkünfte von Personen-Investitionsgesellschaften nach der Abgabenordnung einheitlich und gesondert festzustellen. Das entspricht der aktuellen Rechtslage der Besteuerung von in- und ausländischen Personengesellschaften außerhalb des InvStG, soweit an der Personengesellschaft mindestens ein deutscher Steuerpflichtiger beteiligt ist. (4)

Besteuerung von Kapital-Investitionsgesellschaften

Gemäß InvStG-E unterliegen Investitionsgesellschaften in der Rechtsform der Investment-AG und vergleichbare ausländische Rechtsformen den für Kapitalgesellschaften geltenden steuerlichen Regelungen. Damit werden alle Kapital-Investitionsgesellschaften zu Körperschaftsteuer- und Gewerbesteuer-Subjekten erklärt. (4)

Einführung der offenen Investment-Kommanditgesellschaft

Als zusätzliches deutsches Investmentvehikel wird die offene Investment-Kommanditgesellschaft eingeführt. Eine Besonderheit ist, dass Anleger nicht nach den allgemeinen Besteuerungsregelungen für Personengesellschaften besteuert werden sollen; vielmehr soll auf Anlegerebene der Grundsatz der eingeschränkten Transparenz zur Anwendung kommen. Vorteil der offenen Investment-KG gegenüber anderen deutschen KG-Strukturen ist die Befreiung des Vehikels von der Gewerbesteuer. (1), (3)

Trends

Grundsätzlich sollen die vorstehend dargestellten Änderungen des InvStG ab dem 22.7.2013 anwendbar sein. (4)

Bestandschutz genießen die Investmentfonds, die aktuell unter das InvStG fallen, sich nach dem neuen InvStG aber nicht mehr als Investmentfonds qualifizieren. Für Investmentstrukturen, die bislang nicht vom Anwendungsbereich des InvStG erfasst waren, besteht hingegen kein Bestandsschutz. Sie unterliegen ab dem 22.7.2013 erstmals dem InvStG. (4)

Aufgrund der verschärften Voraussetzungen in § 1 Abs. 1b InvStG-E werden sich zukünftig wohl weit weniger Vehikel für die transparente Besteuerung qualifizieren als bisher. (2)

Fallbeispiele

Das Nebeneinander der unterschiedlichen Besteuerungsregime wird die Komplexität der Ausgestaltung von Investmentstrukturen künftig weiter erhöhen. Welche Struktur im Einzelfall geeignet ist, hängt zunächst von zahlreichen nichtsteuerlichen Aspekten ab, beispielsweise rechtliche und bilanzielle Aspekte. In steuerlicher Hinsicht ist sowohl der steuerliche Status des Anlegers als auch die Asset-Klasse, in die jeweils investiert werden soll, von Bedeutung.

Bei bestehenden Kapitalanlagen ist eine Bestandsaufnahme empfehlenswert. Von großer Relevanz dabei ist, ob sich Investmentvermögen, welche die neuen Voraussetzungen für Investmentfonds nicht erfüllen, auf die Übergangsvorschrift berufen können. Von wesentlicher Bedeutung für die künftige Nachsteuerrendite der Kapitalanlagen wird auch sein, in welchem Umfang eine

Körperschaftsteuerbefreiung weiterhin in Anspruch genommen werden kann.

Mit Hilfe des neuen deutsches Investmentvehikels, der offenen Investment-Kommanditgesellschaft, wird in einigen Fällen eine Reduzierung der ausländischen Quellensteuerbelastung möglich sein. (3)

Weiterführende Literatur

(1) Umsetzung der AIFM-Richtlinie: Chancen und Risiken der geplanten Steueränderungen
aus Portfolio institutionell vom 09.02.2013

(2) RdF-Workshop "Update-AIFM-Richtlinie" am 27.2.2013 im Deutschen Fachverlag in Frankfurt a. M.
aus Betriebs Berater Heft 12/2013 Seite VI

(3) AIFM-Umsetzung: Künftige Investmentbesteuerung nimmt Konturen an
aus Portfolio institutionell vom 06.02.2013

(4) Investmentsteuerrechtsreform aufgrund AIFMD und KAGB
aus Betriebs Berater Heft 1/2013 Seite 23

Impressum

Investmentsteuergesetz - Geplante Reform zur Erfüllung von EU-Vorgaben

Bibliografische Information der deutschen Nationalbibliothek

Die Deutsche Nationalbibliothek verzeichnet diese Publikation in der deutschen Nationalbibliografie; detaillierte bibliografische Daten sind im Internet über http://dnb.d-nb.de abrufbar.

ISBN: 978-3-7379-1423-9

© 2015 GBI-Genios Deutsche Wirtschaftsdatenbank GmbH, Freischützstraße 96, 81927 München, www.genios.de

Alle Rechte vorbehalten. Dieses Werk ist einschließlich aller seiner Teile – z.B. Texte, Tabellen und Grafiken - urheberrechtlich geschützt. Jede Verwertung außerhalb der Grenzen des Urheberrechtsgesetzes bedarf der vorherigen Zustimmung des Verlags. Dies gilt insbesondere auch für auszugsweise Nachdrucke, fotomechanische

Vervielfältigungen (Fotokopie/Mikroskopie), Übersetzungen, Auswertungen durch Datenbanken oder ähnliche Einrichtungen und die Einspeicherung und Verarbeitung in elektronischen Systemen.